Impressum
Verlag: BABADADA GmbH, Nedderfeld 112 , 22529 Hamburg
Geschäftsführer / Verlagsleitung: Harald Hof
Druck: Books on Demand GmbH, In de Tarpen 42, 22848 Norderstedt

Imprint
Publisher: BABADADA GmbH, Nedderfeld 112 , 22529 Hamburg, Germany
Managing Director / Publishing direction: Harald Hof
Print: Books on Demand GmbH, In de Tarpen 42, 22848 Norderstedt

בית ספר

escuela

כיתה
aula
חילק
dividir
186/2
לוח
mesa
patio de escuela
מורה
docente
נייר
papel
כתב
escribir
עט
bolígrafo
שולחן עבודה
escritorio
סרגל
regla
ספר
libro
תלמיד
alumno

ילקוט

mochila escolar

קלמר

caja de lápices

עיפרון

lápiz

מחדד

sacapuntas

גומי מחיקה

goma de borrar

חוברת סרטוט

bloc de dibujo

סרטוט

dibujo

מברשת

pincel

קופסת צבעים

caja de pinturas

מספריים

tijera

דבק

pegamento

ספר תרגול

libro de ejercicios

שיעור בית

tarea

12

מספר

número

2+2

חיבר

sumar

5-2

חיסר

restar

2×2

הכפיל

multiplicar

חישב

calcular

A

אות

letra

ABCDEFG HIJKLMN OPQRSTU VWXYZ

אלפבית

alfabeto

hello

מילה

palabra

טקסט

texto

קרא

leer

גיר

tiza

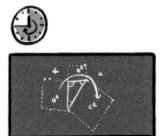

שיעור

lección

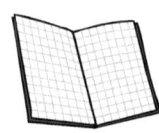

יומן נוכחות

libro de clase

מבחן

examen

תעודה

certificado

תלבושת בית ספר

uniforme escolar

חינוך

educación

אנציקלופדיה

enciclopedia

אוניברסיטה

universidad

מיקרוסקופ

microscopio

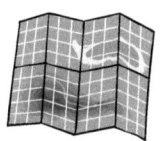

מפה

mapa

סל נייר

cesto de papeles

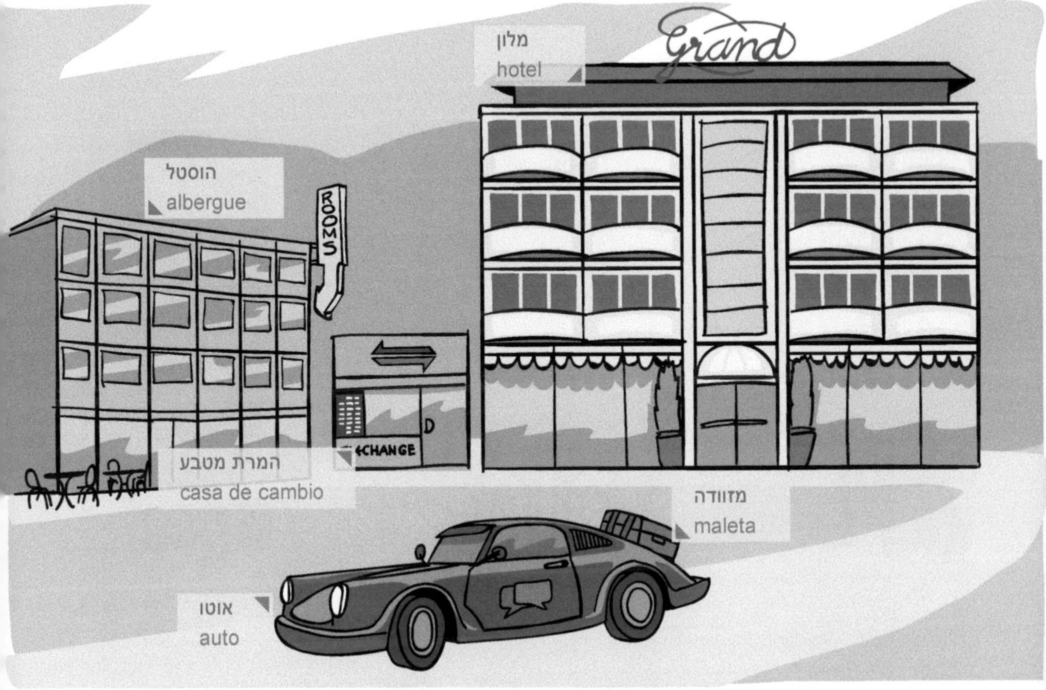

מלון
hotel
Grand
הוסטל
albergue
ROOMS
המרת מטבע
casa de cambio
EXCHANGE
מזוודה
maleta
אוטו
auto

שפה

idioma

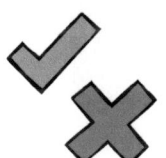

כן / לא

sí / no

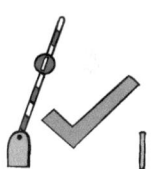

בסדר

ok

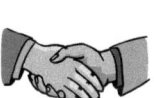

שלום

hola

מתרגם

intérprete

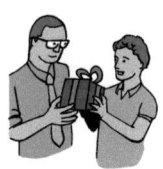

תודה

gracias

כמה עולה.....?

¿Cuánto cuesta…?

אני לא מבין

No entiendo

בעיה

problema

ערב טוב!

¡Buenas tardes!

בוקר טוב!

¡Buenos días!

לילה טוב!

¡Buenas noches!

להתראות

adiós

כיוון

dirección

כבודה

equipaje

תיק

bolso

תרמיל גב

mochila

אורח

invitado

חדר

cuarto

שק שינה

saco de dormir

אוהל

tienda de campaña

מרכז מידע לתיירים

información al turista

חוף ים

playa

כרטיס אשראי

tarjeta de crédito

ארוחת בוקר

desayuno

ארוחת צהריים

almuerzo

ארוחת ערב

cena

כרטיס

pasaje

מעלית

ascensor

בול

sello

גבול

límite

מכס

aduana

שגרירות

embajada

אשרה

visa

דרכון

pasaporte

תחבורה
transporte

מטוס
avión
אונייה
barco
כבאית
coche de bomberos
משאית
camión
אוטובוס
bus
סירת מנוע
lancha a motor
אופניים
bicicleta
אוטו
auto

מעבורת

balsa

סירה

lancha

אופנוע

motocicleta

ניידת משטרה

auto de policía

מכונית מרוץ

auto de carreras

רכב שכור

auto de alquiler

מכוניות בשיתוף

alquiler de autos

אוטו גרר

grúa

משאית זבל

vehículo recolector de basura

מנוע

motor

דלק

gasolina

תחנת דלק

gasolinera

תמרור

señal de tráfico

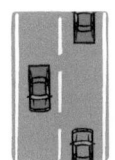

תנועה

tránsito

פקק תנועה

atasco

חניה

estacionamiento

תחנת רכבת

estación de tren

פסי רכבת

carril

רכבת

tren

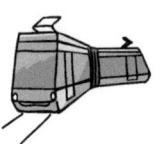

רכבת קלה

tranvía

קרון

vagón

מסוק

helicóptero

שדה-תעופה

aeropuerto

מגדל

torre

נוסע

pasajero

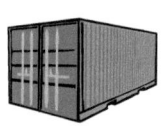

קונטיינר

contenedor

קרטון

caja de cartón

עגלה

carro

סל

cesta

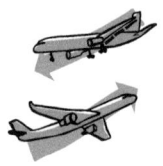

המראה / נחיתה

despegar / aterrizar

עיר
ciudad

כפר

aldea

מרכז העיר

centro de la ciudad

בית

casa

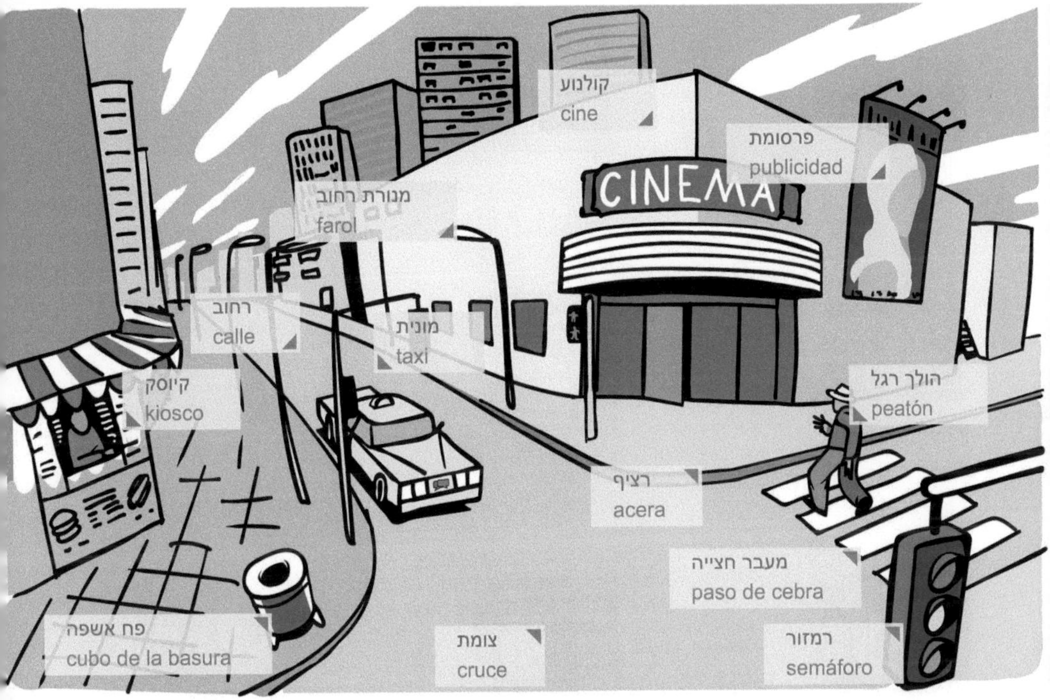

קולנוע
cine
CINEMA
פרסומת
publicidad
מנורת רחוב
farol
רחוב
calle
מונית
taxi
קיוסק
kiosco
הולך רגל
peatón
רציף
acera
מעבר חצייה
paso de cebra
פח אשפה
cubo de la basura
צומת
cruce
רמזור
semáforo

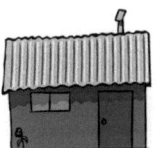

בקתה

cabaña

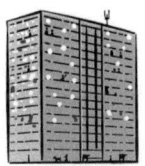

דירה

apartamento

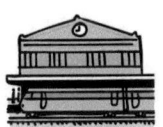

תחנת רכבת

estación de tren

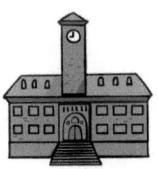

עירייה

ayuntamiento

MUSEUM

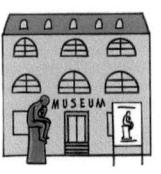

מוזיאון

museo

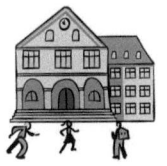

בית ספר

escuela

אוניברסיטה
universidad

בנק
banco

בית חולים
hospital

מלון
hotel

בית מרקחת
farmacia

משרד
oficina

חנות ספרים
librería

חנות
negocio

חנות פרחים
florería

סופרמרקט
supermercado

שוק
mercado

כל-בו
grandes almacenes

מוכר דגים
pescadería

קניון
centro comercial

נמל
puerto

פארק

parque

ספסל

banco

גשר

puente

מדרגות

escalera

רכבת תחתית

metro

מנהרה

túnel

תחנת אוטובוס

parada de autobuses

בר

bar

מסעדה

restaurante

תא דואר

buzón de correo

שלט רחוב

letrero

מדחן

parquímetro

גן חיות

zoológico

בריכת שחיה

piscina

מסגד

mezquita

חווה

granja

זיהום

polución

בית עלמין

cementerio

כנסייה

iglesia

מגרש משחקים

parque infantil

בית מקדש

templo

נוף
paisaje

עלה
hoja

תמרור
indicador de camino

דרך
sendero

מרעה
pradera

אבן
piedra

עץ
árbol

מטייל
caminante

נהר
río

דשא
pasto

פרח
flor

בקעה

valle

הר

montaña

אגם

lago

יער

bosque

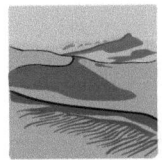

מדבר

desierto

הר געש

volcán

טירה

castillo

קשת בענן

arco iris

פטריה

seta

דקל

palmera

יתוש

mosquito

זבוב

mosca

נמלה

hormiga

דבורה

abeja

עכביש

araña

חיפושית

escarabajo

צפרדע

rana

סנאי

ardilla

קיפוד

erizo

ארנב

liebre

ינשוף

lechuza

ציפור

pájaro

ברבור

cisne

חזיר בר

jabalí

צבי

ciervo

אייל הקורא

alce

סכר

embalse

טורבינת רוח

aerogenerador

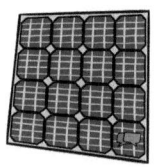

פנל סולארי

módulo solar

אקלים

clima

מסעדה
restaurante

מלצר
camarero
תפריט
carta del menú
כסא
silla
מרק
sopa
פיצה
pizza
סכו"ם
cubiertos
מפת שולחן
mantel

מנת פתיחה

entrada

מנה עיקרית

plato principal

קינוח

postre

שתיות

bebida

אוכל

comida

בקבוק

botella

מזון מהיר

comida rápida

אוכל רחוב

comida callejera

קנקן תה

tetera

מסכרת

azucarera

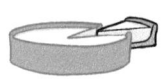

מנה

porción

מכונת אספרסו

máquina de espresso

כסא תינוק

silla alta

חשבון

factura

מגש

bandeja

סכין

cuchillo

מזלג

tenedor

כף

cuchara

כפית

cuchara de té

מפית

servilleta

כוס

vaso

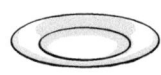

צלחת

plato

קערת מרק

plato de sopa

תחתית

platillo

רוטב

salsa

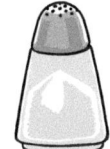

מלחייה

salero

מטחנת פלפל

molinillo para pimienta

חומץ

vinagre

שמן

aceite

תבלינים

especias

קטשופ

ketchup

חרדל

mostaza

מיונז

mayonesa

סופרמרקט

supermercado

מבצע
oferta
לקוח
cliente
מוצרי חלב
productos lácteos
פירות
fruta
עגלת קניות
carrito de compras

אטליז

carnicería

מאפייה

panadería

שקל

pesar

ירקות

verdura

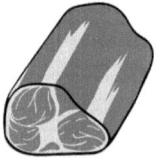

בשר

carne

מזון קפוא

alimentos congelados

בשר קר
fiambre

שימורים
conservas

אבקת כביסה
detergente en polvo

ממתקים
dulces

מוצרי בית
artículos domésticos

חומר ניקוי
productos de limpieza

מוכרת
vendedora

קופה
caja

קופאי
cajero

רשימת קניות
lista de compras

שעות פתיחה
horario de atención

ארנק
cartera

כרטיס אשראי
tarjeta de crédito

תיק
maleta

שקית נילון
bolsa plástica

שתיות
bebida

מים

agua

מיץ

jugo

חלב

leche

קולה

refresco de cola

יין

vino

בירה

cerveza

אלכוהול

alcohol

קקאו

cacao

תה

té

קפה

café

אספרסו

espresso

קפוצ'ינו

cappuccino

בננה

banana

תפוח

manzana

תפוז

naranja

אבטיח

sandía

לימון

limón

גזר

zanahoria

שום

ajo

במבוק

bambú

בצל

cebolla

פטריות

seta

אגוזים

nueces

אטריות

fideos

ספגטי

espagueti

אורז

arroz

סלט

ensalada

צ'יפס

patatas fritas

צ'יפס

patatas salteadas

פיצה

pizza

המבורגר

hamburguesa

כריך

sándwich

שניצל

escalope

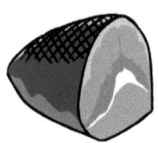

שינקין

jamón

סלאמי

salame

נקניקיה

embutido

עוף

pollo

טיגון

asado

דג

pescado

שיבולת שועל

copos de avena

מוזלי

musli

קורנפלקס

copos de maíz tostado

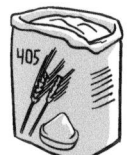

קמח

harina

קרואסון

croissant

לחמנייה

panecillo

לחם

pan

טוסט

tostada

עוגיות

galletas

חמאה

mantequilla

גבינה לבנה

cuajada

עוגה

pastel

ביצה

huevo

ביצת עין

huevo frito

גבינה

queso

גלידה

helado

סוכר

azúcar

דבש

miel

ריבה

mermelada

ממרח נוגט

praliné

קארי

curry

חווה

granja

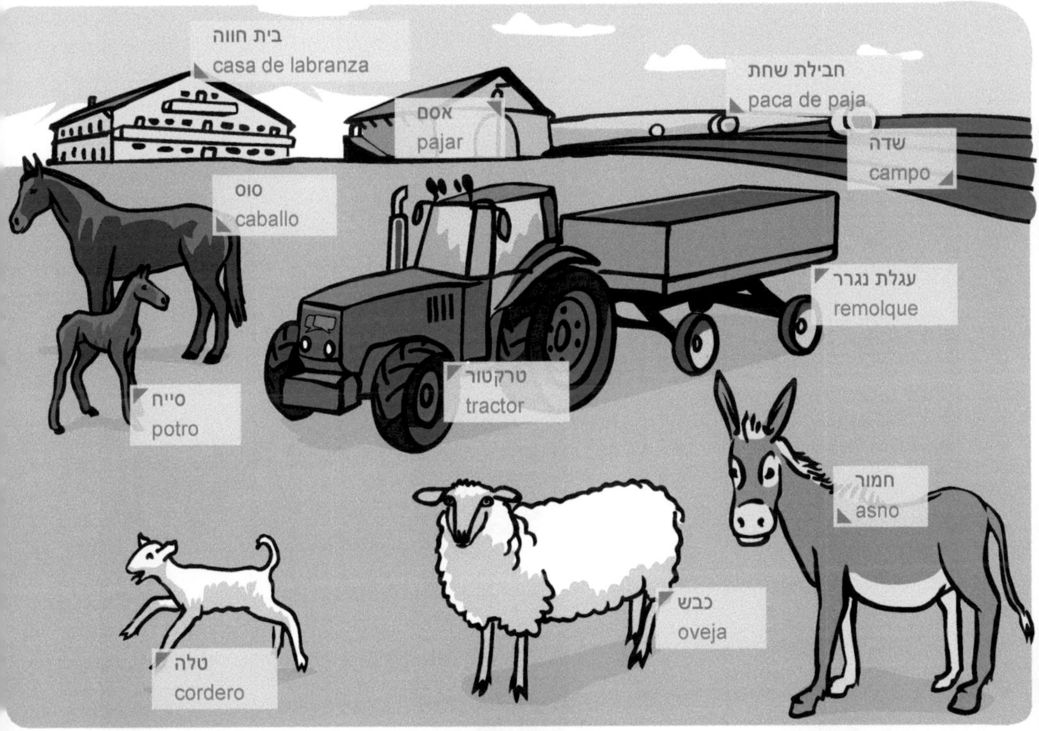

בית חווה
casa de labranza
אסם
pajar
חבילת שחת
paca de paja
שדה
campo
סוס
caballo
עגלת נגרר
remolque
טרקטור
tractor
סייח
potro
חמור
asno
כבש
oveja
טלה
cordero

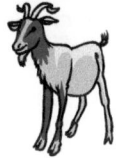

עז

cabra

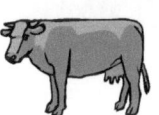

פרה

vaca

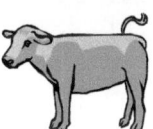

עגל

ternero

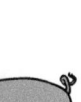

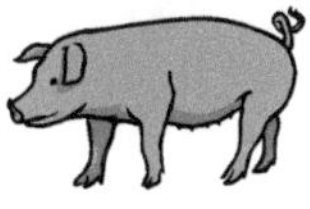

חזיר

cerdo

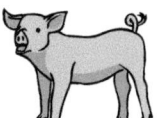

חזרזיר

lechón

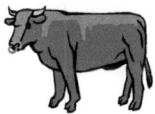

שור

toro

אווז

ganso

ברווז

pato

אפרוח

polluelo

תרנגולת

pollo

תרנגול

gallo

חולדה

rata

חתול

gato

עכבר

ratón

שור

buey

כלב

perro

מלונה

caseta del perro

צינור השקיה

manguera de riego

קנקן מים

regadera

חרמש

guadaña

מחרשה

arado

מגל

hoz

מגרפה

azada

קלשון

bieldo

גרזן

hacha

מריצה

carretilla

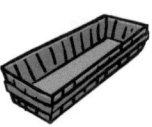

שוקת

abrevadero

כד חלב

lechera

שק

saco

גדר

cerca

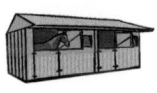

אורווה

establo

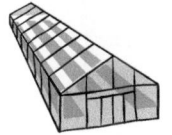

חממה

invernadero

אדמה

suelo

זרע

semilla

דשן

fertilizante

מקצרה

cosechadora

קצר

cosechar

קציר

cosecha

בטטה אפריקנית

raíz de ñame

חיטה

trigo

סויה

soja

תפוח אדמה

patata

תירס

maíz

קנולה

colza

עץ פירות

Árbol frutal

קסבה

mandioca

דגנים

cereales

בית
casa

ארובה
chimenea
גג
techo
מרזב
canalón
חלון
ventana
מוסך
garaje
פעמון
timbre
דלת
puerta
פח אשפה
cubo de la basura
תיבת מכתבים
buzón de correo
גינה
jardín

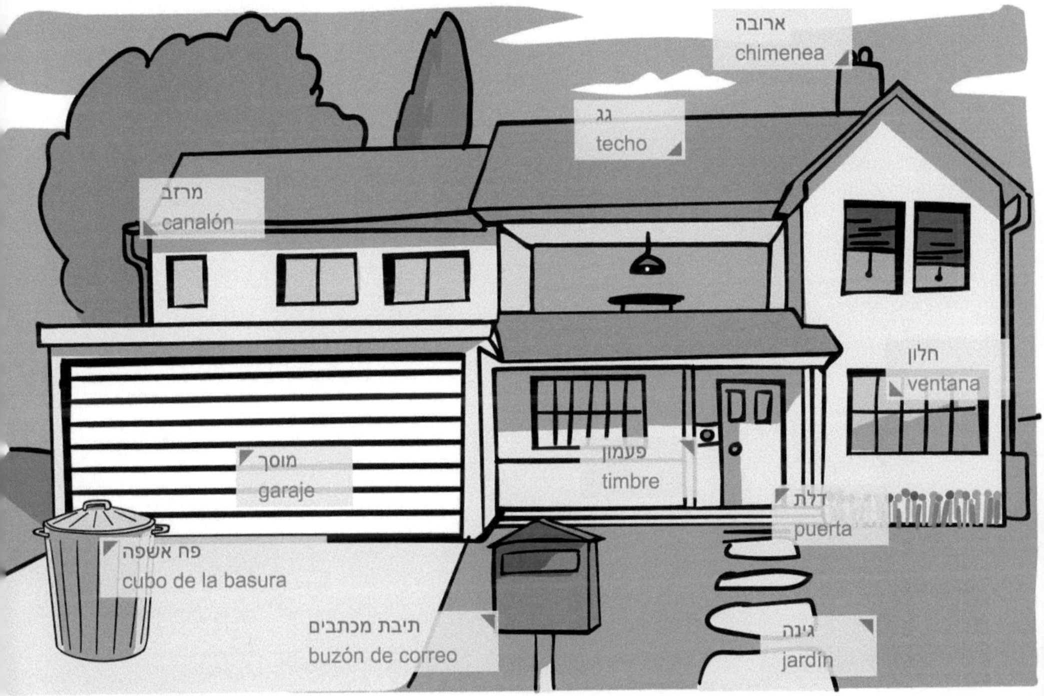

סלון

cuarto de estar

חדר אמבטיה

cuarto de baño

מטבח

cocina

חדר שינה

dormitorio

חדר ילדים

cuarto de los niños

חדר אוכל

comedor

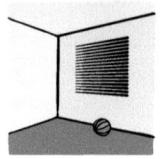

רצפה
piso

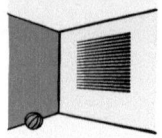

קיר
pared

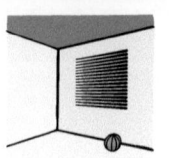

תקרה
cielorraso

מרתף
sótano

סאונה
sauna

מרפסת
balcón

מרפסת
terraza

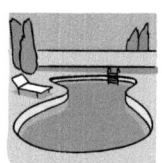

בריכה
piscina

מכסחת דשא
cortacésped

סדין
funda nórdica

כיסוי מיטה
edredón

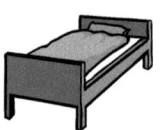

מיטה
cama

מטאטא
escoba

דלי
cubo

מפסק
interruptor

סלון
cuarto de estar

טפט
papel para empapelar
תמונה
imagen
מנורה
lámpara
מדף
estante
ארון
gabinete
אח
hogar
טלוויזיה
televisor
פרח
flor
כרית
cojín
ספה
sofá
אגרטל
florero
שלט רחוק
control remoto

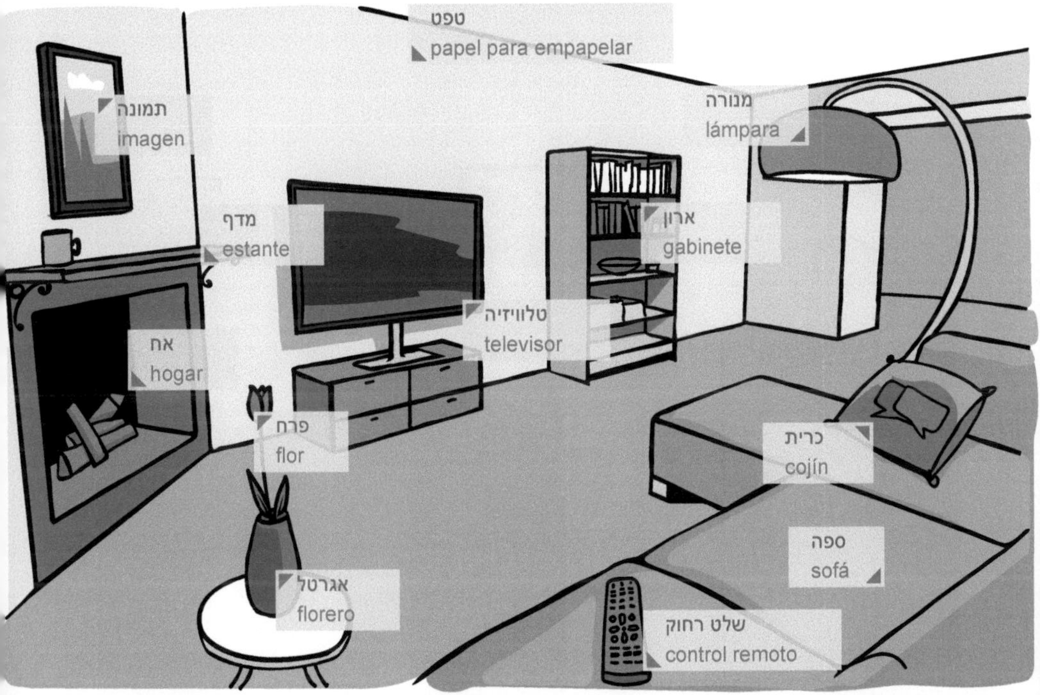

שטיח
alfombra

וילון
cortina

שולחן
mesa

כסא
silla

כיסא נדנדה
mecedora

כורסה
sillón

ספר

libro

שמיכה

frazada

דקורציה

decoración

עצי הסקה

leña

סרט

film

מערכת סטריאו

equipo estereofónico

מפתח

llave

עיתון

periódico

ציור

cuadro

פוסטר

póster

רדיו

radio

מחברת

bloc de notas

שואב אבק

aspiradora

קקטוס

cactus

נר

vela

מטבח
cocina

מקרר
nevera
מיקרוגל
horno microondas
balanza de cocina
טוסטר
tostador
חומר ניקוי
detergente
תנור
horno
מקפיא
congelador
פח אשפה
cubo de la basura
מדיח כלים
lavaplatos

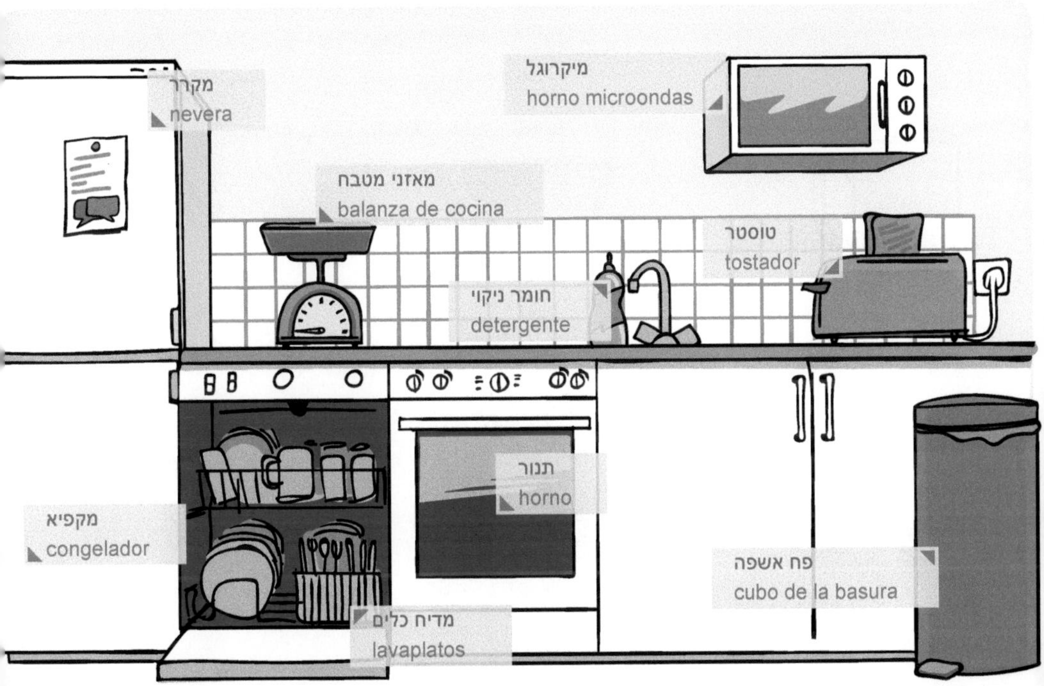

תנור

cocina

סיר

olla

סיר ברזל

olla de fundición de hierro

ווק

wok / kadai

מחבת

sartén

קומקום חשמלי

hervidor de agua

מאדה

olla de vapor

מגש אפייה

bandeja de horno

כלי אוכל

vajilla

ספל

vaso

קערה

bol

צ'ופסטיקס

palillos para comer

מצקת

cucharón de sopa

מרית

espátula

מטרפה

batidor

מסננת בישול

colador

מסננת

cedazo

מגרדת

rallador

מכתש

mortero

גריל

parrillada

מדורה

fogata

קרש חיתוך

tabla de picar

מערוך

rodillo

פותחן פקקים

sacacorchos

פחית

lata

פותחן קופסאות

abrelatas

מטלית

agarrador

כיור

fregadero

מברשת

cepillo

ספוג

esponja

בלנדר

batidora

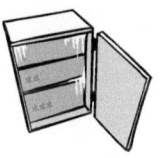

מקפיא

arcón congelador

בקבוק לתינוק

biberón

ברז

grifo

חדר אמבטיה
cuarto de baño

חימום
calefacción
מקלחת
ducha
מגבת
toalla
וילון מקלחת
cortina para ducha
אמבטיית קצף
baño de espuma
אמבטיה
bañera
כוס
vaso
מכונת כביסה
lavadora
ברז
grifo
אריחים
baldosa
סיר לילה
orinal
כיור
fregadero

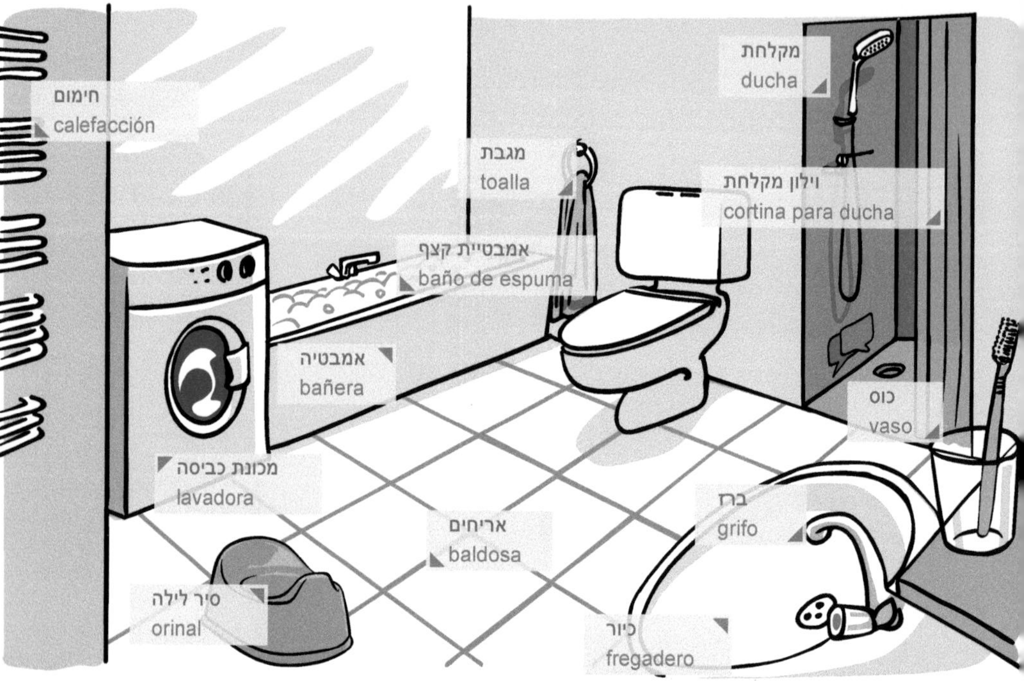

אסלה

cuarto de baño

אסלת כריעה

placa turca

בידה

bidé

משתנה

urinario

נייר טואלט

papel higiénico

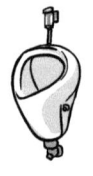

מברשת אסלה

escobilla para el cuarto de baño

מברשת שיניים

cepillo de dientes

משחת שיניים

pasta dentífrica

חוט דנטלי

seda dental

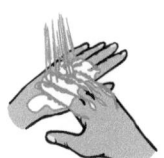

שטף

lavar

מקלחת יד

ducha teléfono

צינור שטיפה לשירותים

ducha higiénica

קערת רחצה

cuenco

מברשת גב

cepillo para la espalda

סבון

jabón

ג'ל רחצה

gel de ducha

שמפו

champú

ליפה

manopla para baño

ניקוז

desagüe

קרם

crema

דיאודורנט

desodorante

מראה

espejo

מראת יד

espejo de maquillaje

סכין גילוח

máquina de afeitar

קצף גילוח

espuma de afeitar

אפטרשייב

loción para después del afeitado

מסרק

peine

מברשת

cepillo

מייבש שיער

secador para cabello

ספריי לשיער

laca de peinado

איפור

maquillaje

שפתון

lápiz labial

לק

laca para uñas

צמר גפן

algodón

מספריים לציפורניים

tijera para uñas

בושם

perfume

תיק כלי רחצה

neceser

שרפרף

taburete

משקל

balanza

חלוק רחצה

bata de baño

כפפות גומי

guantes de goma

טמפון

tampón

תחבושת סניטרית

compresa

שירותים כימיקליים

wáter químico

חדר ילדים
cuarto de los niños

שעון מעורר
despertador
צעצוע חיבוק
animal de peluche
מכונית צעצוע
auto de juguete
רעשן
sonajero
בית בובות
casa de muñecas
מתנה
obsequio

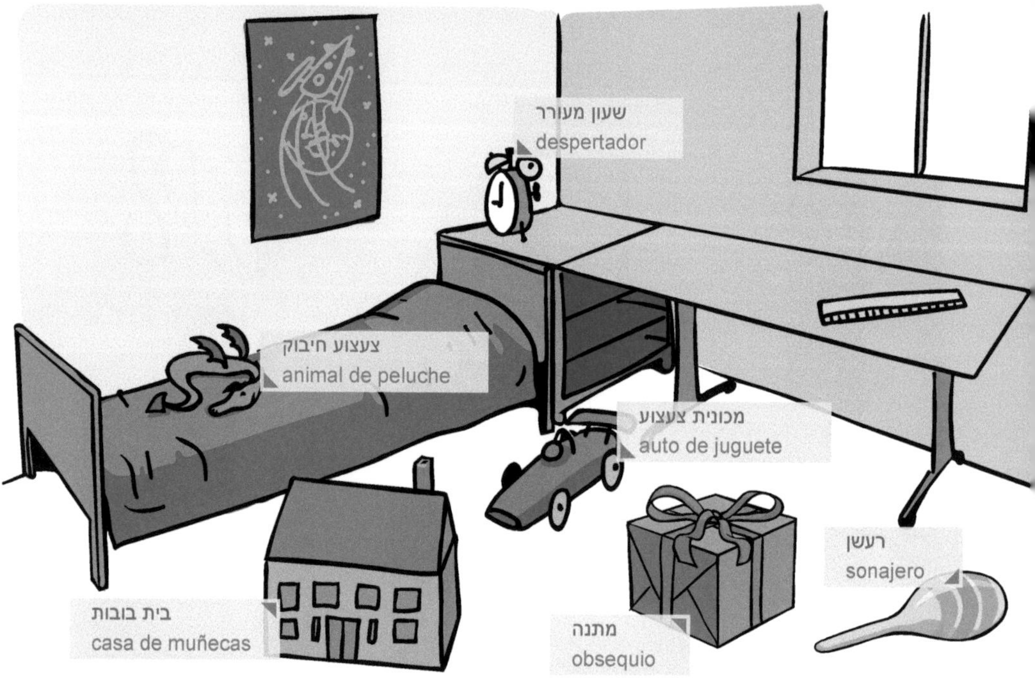

בלון

globo

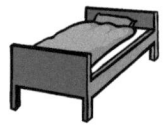

מיטה

cama

עגלה

cochecito para niños

משחק קלפים

juego de barajas

פאזל

rompecabezas

קומיקס

cómic

לגו

piezas de Lego

קוביות משחק

bloques para jugar

דמות משחק

figura de acción

סרבל תינוקות

pijama de una pieza

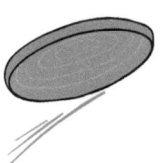

פריזבי

frisbee

נייד

móvil

משחק לוח

juego de mesa

קוביה

dado

רכבת צעצוע

tren eléctrico a escala

מוצץ

chupete

מסיבה

fiesta

אלבום תמונות

libro de dibujos

כדור

pelota

בובה

títere

שיחק

jugar

ארגז חול

arenero

נדנדה

columpio

צעצועים

juguetes

קונסולת משחקים

consola de videojuego

אופניים תלת גלגלי

triciclo

דובון

osito de peluche

ארון בגדים

guardarropa

בגדים

vestimenta

גרביים

calcetines

גרביונים

medias

גרביון

panti

צעיף
chal

חגורה
cinturón

מטריה
paraguas

חולצת טי
camiseta

נעלי ספורט
deportivas

מגפיים
botas

נעלי בית
zapatilla

סנדלים
....
sandalias

נעליים
....
zapatos

מגפי גומי
....
botas de goma

תחתונים
....
ropa interior

חזייה
....
corpiño

וסט
....
camiseta

גוף

body

מכנסיים

pantalón

ג'ינס

jeans

חצאית

falda

חולצה מכופתרת

blusa

חולצה

camisa

אפודה

pullover

סווצ'ר עם קפוצ'ון

sweater

בלייזר

blazer

ז'קט

chaqueta

מעיל

abrigo

מעיל גשם

impermeable

תלבושת

traje chaqueta

שמלה

vestido

שמלת כלה

vestido de bodas

חליפה
traje

כותונת לילה
camisón

פיג'מה
pijama

סארי
sari

מטפחת ראש
pañuelo de cabeza

טורבן
turbante

בורקה
burka

קאפטן
caftán

עבאיה
abaya

בגד ים
traje de baño

בגד ים
bañador

מכנסיים קצרים
shorts

בגד אימון
chándal

סינר
delantal

כפפות
guante

כפתור

botón

משקפיים

gafa

צמיד יד

brazalete

שרשרת

cadena

טבעת

anillo

עגיל

aro

כובע

gorra

קולב

percha

כובע

sombrero

עניבה

corbata

רוכסן

cierre a cremallera

קסדה

casco

כתפיות

tiradores

תלבושת בית ספר

uniforme escolar

מדים

uniforme

מפית אוכל

babero

מוצץ

chupete

חיתול

pañal

משרד

oficina

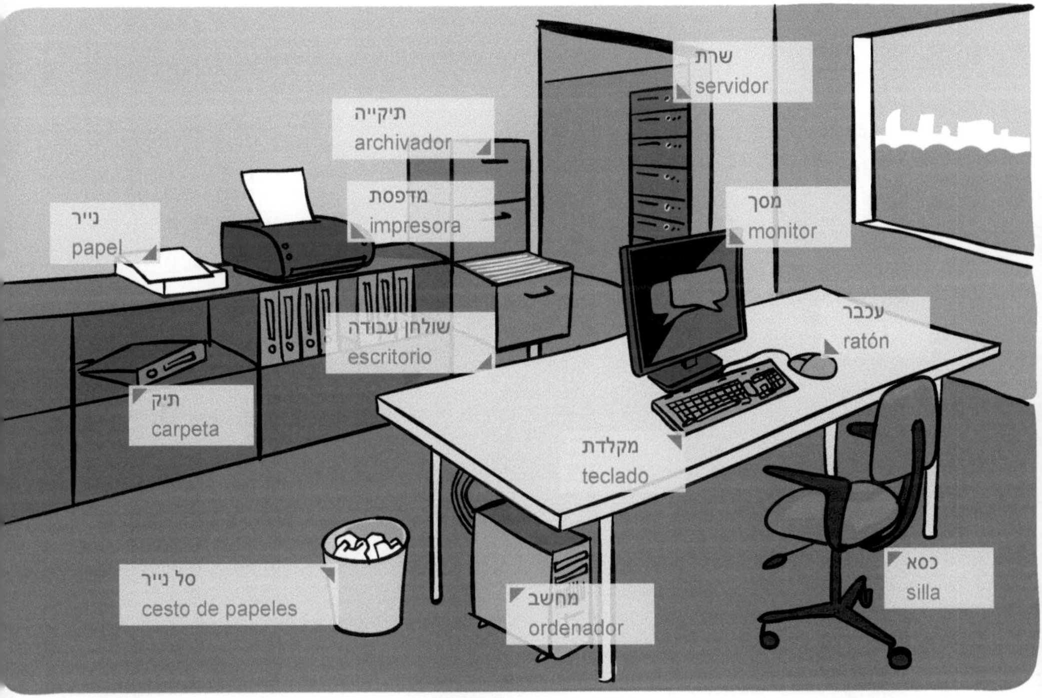

שרת
servidor

תיקייה
archivador

מדפסת
impresora

מסך
monitor

נייר
papel

עכבר
ratón

שולחן עבודה
escritorio

תיק
carpeta

מקלדת
teclado

סל נייר
cesto de papeles

מחשב
ordenador

כסא
silla

ספל קפה

taza de café

מחשבון

calculadora

אינטרנט

internet

מחשב נייד

laptop

מכתב

carta

הודעה

mensaje

נייד

teléfono móvil

רשת

red

מכונת צילום

fotocopiadora

תוכנה

software

טלפון

teléfono

שקע

tomacorriente

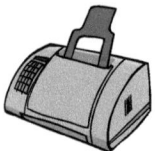

פקס

máquina de fax

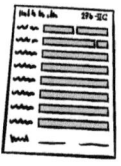

טופס

formulario

מסמך

documento

קנה
comprar

שילם
pagar

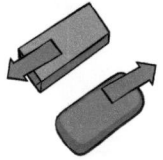

סחר
comerciar

כסף
dinero

דולר
dólar

יורו
euro

ין
yen

רובל
rublo

פרנק שווייצרי
franco

יואן רנמינבי
renminbi

רופי
rupia

כספומט
cajero automático

המרת מטבע

casa de cambio

זהב

oro

כסף

plata

נפט

petróleo

אנרגיה

energía

מחיר

precio

חוזה

contrato

מס

impuesto

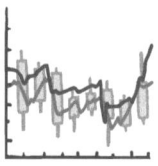

מנייה

acción

עבד

trabajar

עובד

empleado

מעסיק

empleador

מפעל

fábrica

חנות

negocio

שוטר
policía

כבאי
bombero

טייס
piloto

טבח
cocinero

רופא
médico

גנן
jardinero

נגר
carpintero

תופרת
costurera

שופט
juez

כימאי
químico

שחקן
actor

נהג אוטובוס

conductor de autobús

נהג מונית

taxista

דייג

pescador

עובדת נקיון

mujer de la limpieza

מתקן גגות

techista

מלצר

camarero

צייד

cazador

צייר

pintor

אופה

panadero

חשמלאי

electricista

עובד בניין

albañil

מהנדס

ingeniero

קצב

carnicero

אינסטלטור

fontanero

דוור

cartero

חייל

soldado

אדריכל

arquitecto

קופאי

cajero

מוכר פרחים

florista

ספר

peluquero

כרטיסן

cobrador

מכונאי

mecánico

קברניט

capitán

רופא שיניים

odontólogo

מדען

científico

רב

rabino

אימאם

imam

נזיר

monje

כומר

párroco

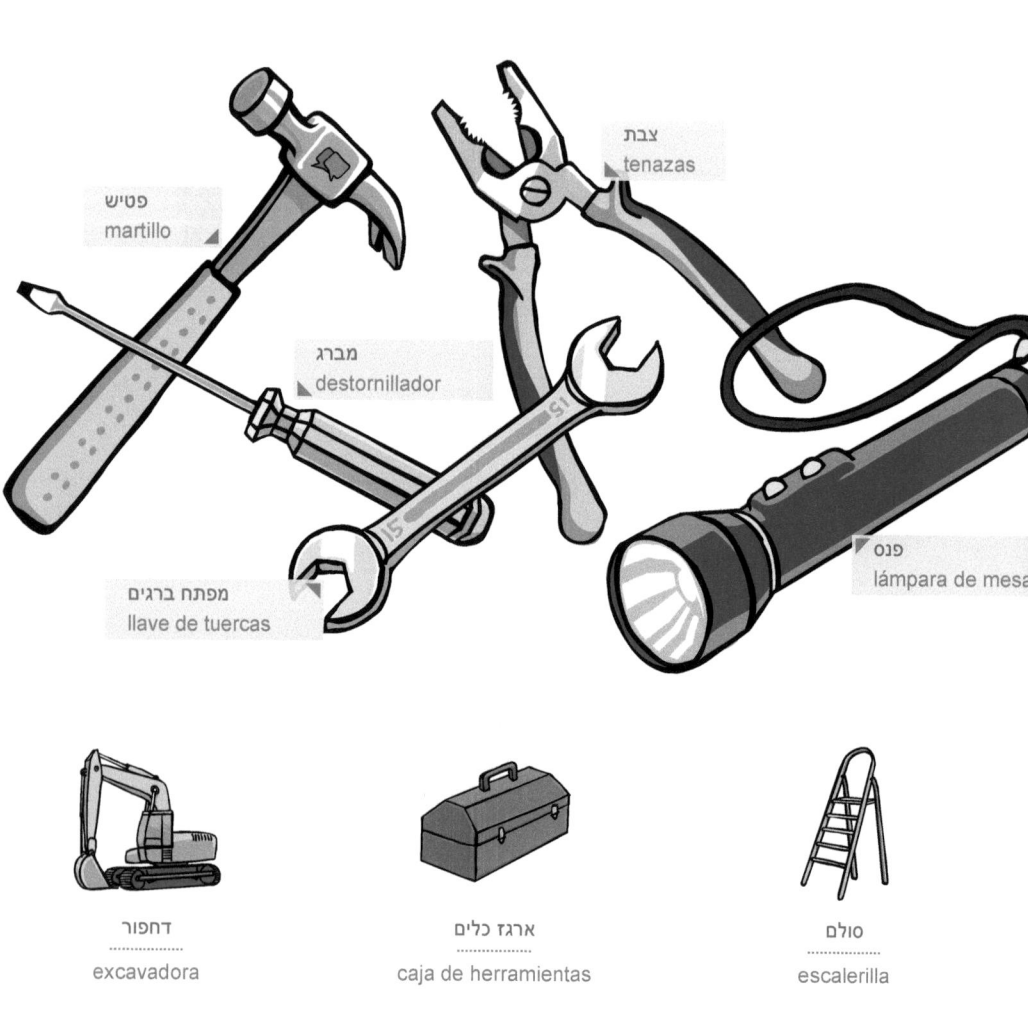

כלי עבודה
herramientas

צבת
tenazas
פטיש
martillo
מברג
destornillador
פנס
lámpara de mesa
מפתח ברגים
llave de tuercas

דחפור

excavadora

ארגז כלים

caja de herramientas

סולם

escalerilla

מסור

serrucho

מסמרים

clavos

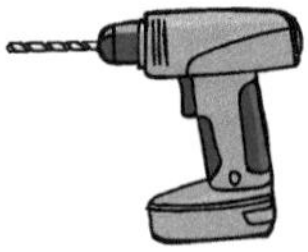

מקדחה

taladro

תיקן

reparar

את חפירה

pala

לעזאזל!

¡Maldición!

יעה

recogedor

פח צבע

lata de pintura

ברגים

tornillos

כלי נגינה

instrumentos musicales

רמקול
altavoz
מערכת תופים
batería
גיטרה
guitarra
קונטראבס
contrabajo
חצוצרה
trompeta

פסנתר

piano

כינור

violín

בס

bajo

תוף הדוד

timbales

תופים

tambor

מקלדת פסנתר

teclado

סקסופון

saxofón

חליל

flauta

מיקרופון

micrófono

גן חיות
zoológico

כניסה
entrada
נמר
tigre
כלוב
jaula
זברה
cebra
מזון לחיות
comida para animales
פנדה
panda

בעלי חיים

animales

פיל

elefante

קנגרו

canguro

קרנף

rinoceronte

גורילה

gorila

דוב

oso

גמל

camello

יען

avestruz

אריה

león

קוף

mono

פלמינגו

flamengo

תוכי

papagayo

דוב הקרח

oso polar

פינגווין

pingüino

כריש

tiburón

טווס

pavo real

נחש

serpiente

תנין

cocodrilo

שומר גן החיות

cuidador del zoológico

כלב ים

foca

יגואר

jaguar

סוס פוני

pony

לאופרד

leopardo

היפופוטאם

hipopótamo

ג'ירפה

jirafa

נשר

águila

חזיר בר

jabalí

דג

pescado

צב

tortuga

סוס ים

morsa

שועל

zorro

אַיילה

gacela

ספורט

deporte

פוטבול אמריקאי
fútbol americano
רכיבת אופניים
ciclismo
טניס
tenis
כדורסל
baloncesto
שחיה
natación
אגרוף
boxeo
הוקי
hockey sobre hielo

כדורגל

fútbol

בדמינטון

badminton

אתלטיקה

atletismo

כדור-יד

balonmano

עשה סקי

esquí

פולו

polo

פעילויות
actividades

קפץ
saltar
חיבק
abrazar
צחק
reír
הלך
caminar
שר
cantar
חלם
soñar
התפלל
rezar
נשק
besar

כתב
escribir

צייר
dibujar

הראה
mostrar

דחף
presionar

נתן
dar

לקח
tomar

יש / להיות הבעלים

tener

עשה

hacer

היה

ser

עמד

estar de pie

רץ

correr

משך

tirar

זרק

arrojar

נפל

caer

שכב

estar acostado

חיכה

esperar

סחב

llevar

ישב

estar sentado

התלבש

vestirse

ישן

dormir

התעורר

despertar

הסתכל ב-

mirar

בכה

llorar

ליטף

acariciar

סירק

peinarse

דיבר

conversar

הבין

entender

שאל

preguntar

שמע

oír

שתה

beber

אכל

comer

סידר

asear

אהב

amar

בישל

cocinar

נהג

conducir

עף

volar

שט

navegar

חישב

calcular

קרא

leer

למד

aprender

עבד

trabajar

התחתן

casarse

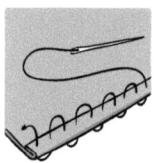

תפר

coser

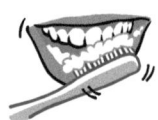

ציחצח שיניים

limpiarse los dientes

הרג

matar

עישן

fumar

שלח

enviar

סבתא
abuela

סבא
abuelo

אבא
padre

אימא
madre

תינוק
bebé

בת
hija

בן
hijo

אורח
invitado

דודה
tía

דוד
tío

אח
hermano

אחות
hermana

גוף
cuerpo

מצח
frente
עין
ojo
כתף
hombro
אצבע
dedo
פנים
cara
סנטר
barbilla
כף יד
mano
רגל
pierna
חזה
pecho
זרוע
brazo

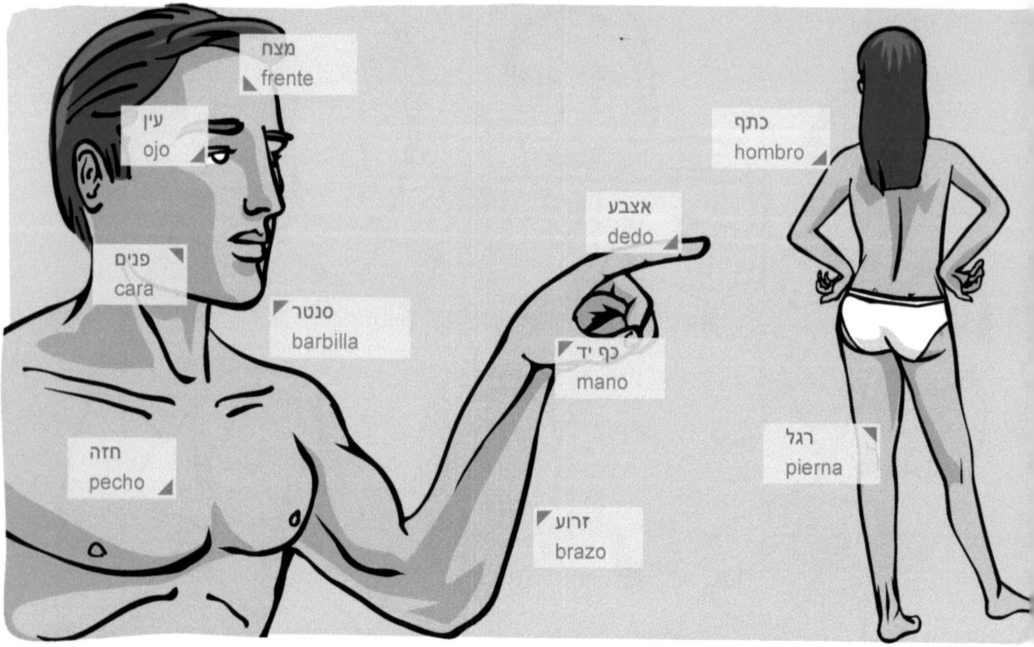

תינוק

bebé

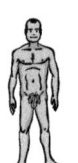

איש

hombre

אישה

mujer

ילדה

muchacha

ילד

joven

ראש

cabeza

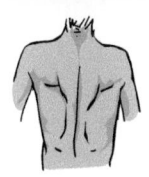

גב

espalda

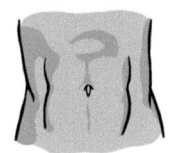

בטן

vientre

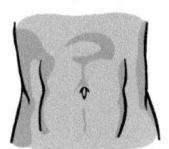

טבור

ombligo

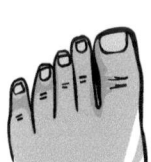

אצבע

dedo del pie

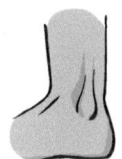

עקב

talón

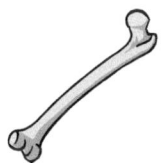

עצם

hueso

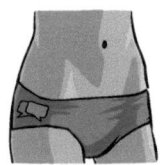

ירך

cadera

ברך

rodilla

מרפק

codo

אף

nariz

עכוז

trasero

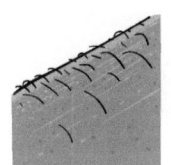

עור

piel

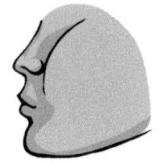

לחי

mejilla

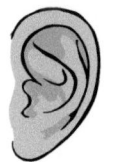

אוזן

oreja

שפתיים

labio

פה

boca

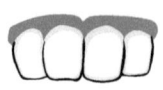

שן

diente

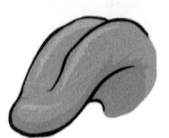

לשון

lengua

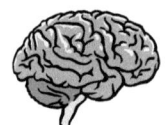

מוח

cerebro

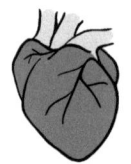

לב

corazón

שריר

músculo

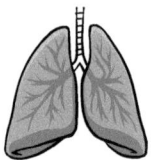

ריאה

pulmón

כבד

hígado

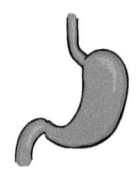

קיבה

estómago

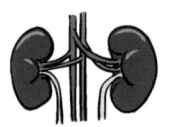

כליות

riñones

מין

relación sexual

קונדום

condón

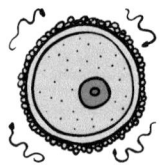

ביצית

Óvulo

זרע

esperma

הריון

embarazo

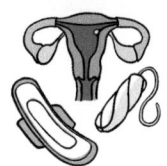

ווסת

menstruación

נרתיק

vagina

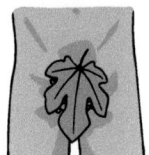

פין

pene

גבה

ceja

שיער

cabello

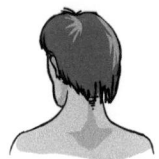

צוואר

cuello

בית חולים

hospital

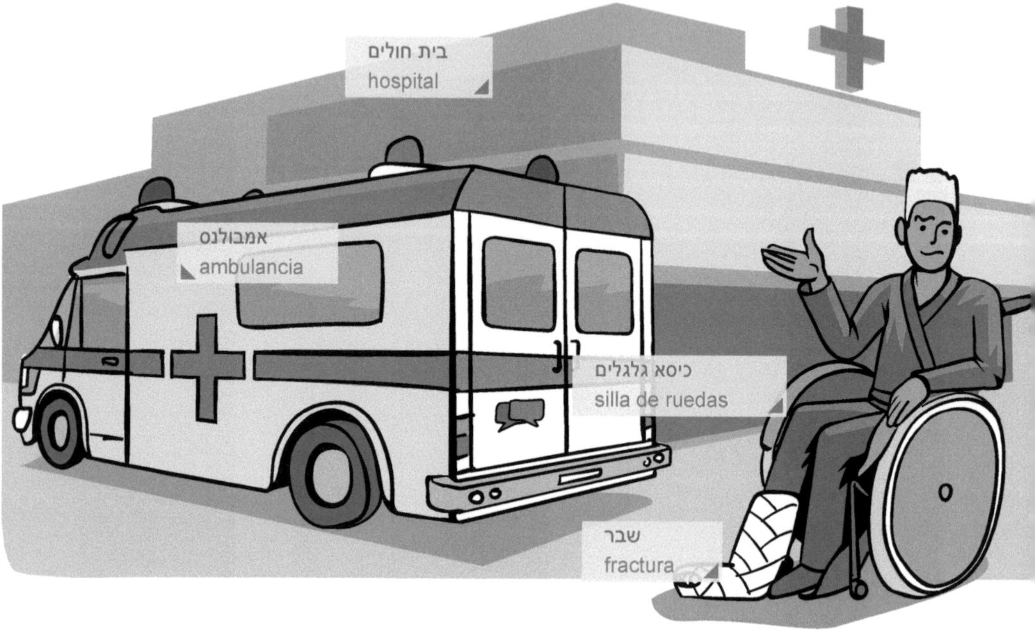

בית חולים
hospital
אמבולנס
ambulancia
כיסא גלגלים
silla de ruedas
שבר
fractura

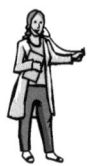

רופא

médico

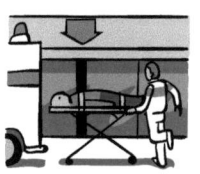

חדר מיון

admisión de urgencia

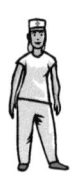

אחות

enfermera

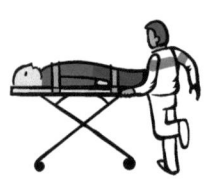

חירום

emergencia

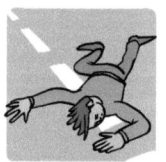

חסר הכרה

inconsciente

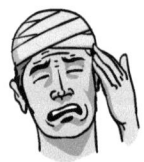

כאב

dolor

פציעה
lesión

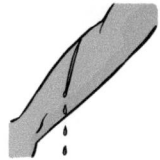

דימום
hemorragia

התקף לב
infarto de miocardio

שבץ
apoplejía cerebral

אלרגיה
alergia

שיעול
tos

חום
fiebre

שפעת
gripe

שלשול
diarrea

כאב ראש
dolor de cabeza

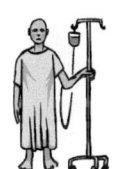

סרטן
cáncer

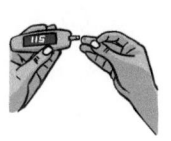

סוכרת
diabetes

מנתח
cirujano

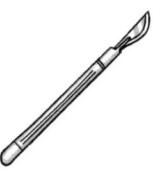

אזמל
escalpelo

ניתוח
operación

סי-טי

TC

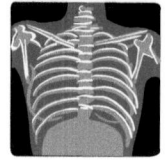

רנטגן

rayos X

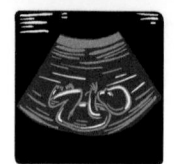

אולטרסאונד

ultrasonido

מסיכת פנים

máscara

מחלה

enfermedad

חדר המתנה

sala de espera

קבה

muleta

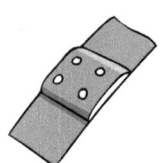

פלסטר

emplasto

תחבושת

vendaje

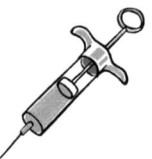

זריקה

inyección

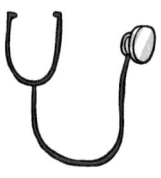

סטטוסקופ

estetoscopio

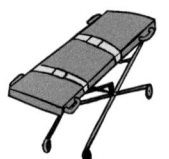

אלונקה

camilla

מד חום

termómetro

לידה

nacimiento

עודף משקל

sobrepeso

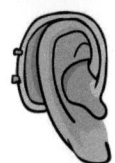

מכשיר שמיעה

audífono

מחטא

desinfectante

זיהום

infección

נגיף

virus

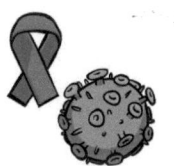

איידס

VIH / SIDA

תרופה

medicina

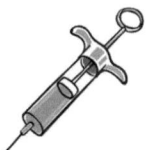

חיסון

vacunación

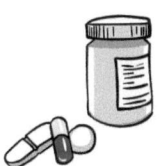

טבליות

comprimido

גלולה

píldora anticonceptiva

קריאת חירום

llamada de emergencia

מד לחץ דם

medidor de presión arterial

חולה / בריא

enfermo / saludable

חירום

emergencia

הצילו!

¡Ayuda!

אזעקה

alarma

פשיטה

asalto

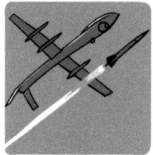

תקיפה

ataque

סכנה

peligro

יציאת חירום

salida de emergencia

אש!

¡Fuego!

מטף כיבוי

extintor

תאונה

accidente

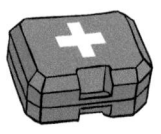

ערכת עזרה ראשונה

kit de primeros auxilios

הצילו!

SOS

משטרה

Policía

כדור הארץ
Tierra

אירופה

....

Europa

צפון אמריקה

....

América del Norte

דרום אמריקה

....

América del Sur

אפריקה

....

África

אסיה

....

Asia

אוסטרליה

....

Australia

האוקיינוס האטלנטי

....

Atlántico

האוקיינוס השקט

....

Pacífico

האוקיינוס ההודי

....

Océano Índico

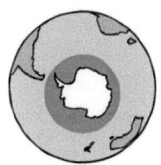

האוקיינוס האנטרקטי

....

Océano Antártico

האוקיינוס הארקטי

....

Océano Ártico

הקוטב הצפוני

....

Polo Norte

כדור הארץ

Tierra

אנטארקטיקה

Antártida

הקוטב הדרומי

Polo Sur

אי

isla

ים

mar

אדמה

país

מדינה

Estado

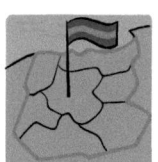

לאום

nación

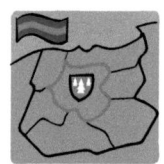

שעון
reloj

פני השעון

cuadrante

מחוג השעות

horario

מחוג הדקות

minutero

מחוג השניות

segundero

מה השעה?

¿Qué hora es?

יום

día

זמן

tiempo

עכשיו

ahora

שעון דיגיטלי

reloj digital

דקה

minuto

שעה

hora

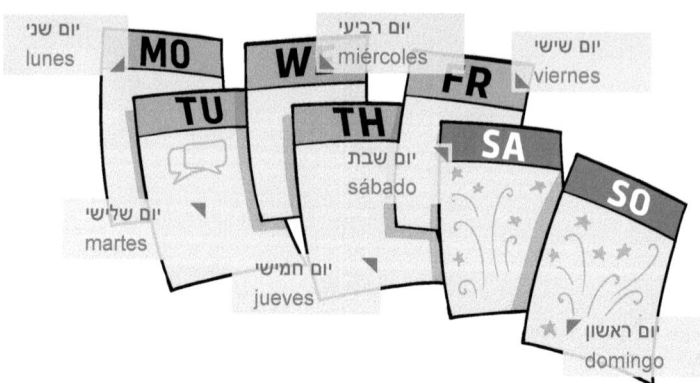

שבוע

semana

SA
יום שני
lunes
יום שלישי
martes
יום רביעי
miércoles
יום חמישי
jueves
יום שישי
viernes
יום שבת
sábado
יום ראשון
domingo

אתמול

ayer

היום

hoy

מחר

mañana

בוקר

mañana

צהריים

mediodía

ערב

tarde

ימי עבודה

jornada de trabajo

סוף שבוע

fin de semana

גשם
lluvia

קשת בענן
arco iris

רוח
viento

שלג
nieve

אביב
primavera

קיץ
verano

סתיו
otoño

חורף
invierno

4.APRIL	11°	☀
5.APRIL	4°	☁
6.APRIL	13°	☁
7.APRIL	8°	☀
8.APRIL	10°	☀

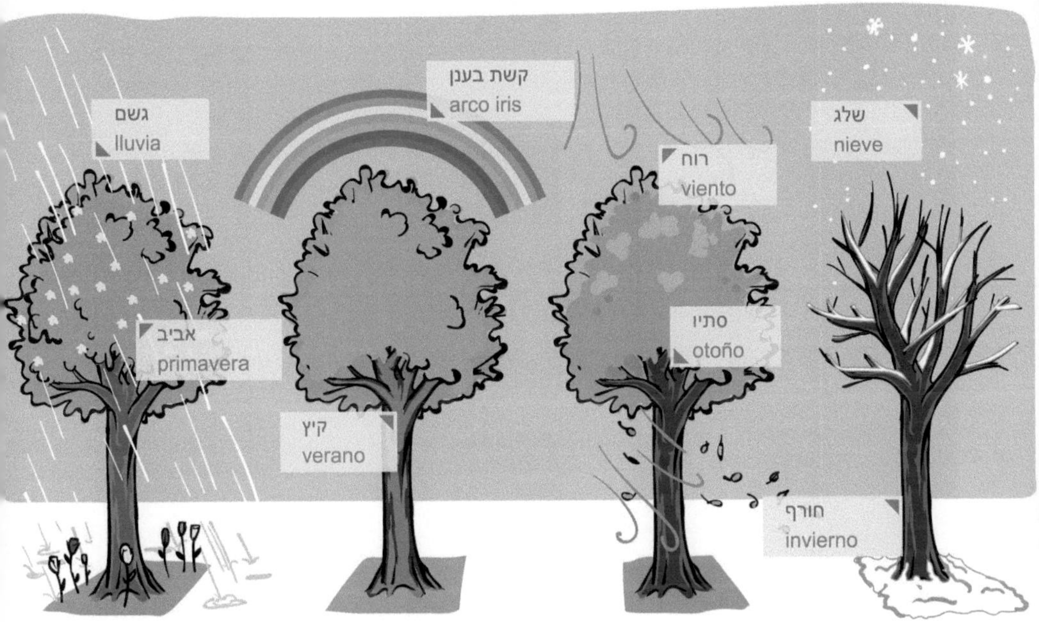

תחזית מזג האוויר

pronóstico meteorológico

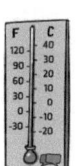

מד חום

termómetro

אור שמש

luz solar

ענן

nube

ערפל

niebla

לחות

humedad ambiente

ברק

relámpago

רעם

trueno

סערה

tormenta

ברד

granizo

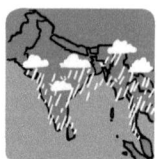

רוח עונתי

monzón

שיטפון

inundación

קרח

hielo

ינואר

enero

פברואר

febrero

מרץ

marzo

אפריל

abril

מאי

mayo

יוני

junio

יולי

julio

אוגוסט

agosto

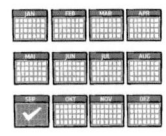

ספטמבר
....
septiembre

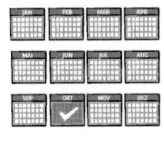

אוקטובר
....
octubre

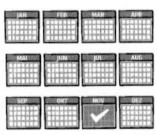

נובמבר
....
noviembre

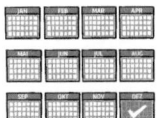

דצמבר
....
diciembre

צורות
formas

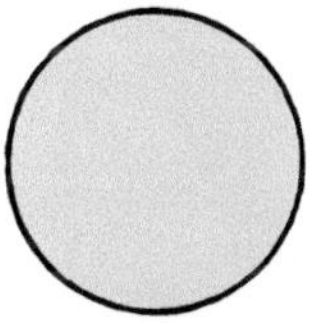

עיגול
....
círculo

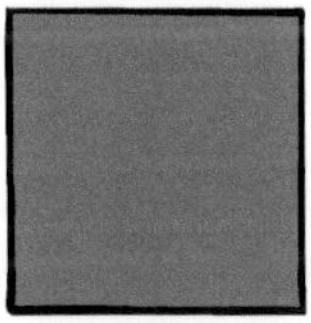

מרובע
....
cuadrado

מלבן
....
rectángulo

משולש
....
triángulo

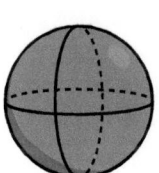

כדור
....
esfera

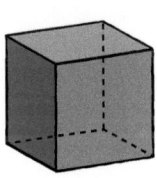

קובייה
....
cubo

צבעים
colores

לבן

blanco

צהוב

amarillo

כתום

anaranjado

ורוד

rosa

אדום

rojo

סגול

lila

כחול

azul

ירוק

verde

חום

marrón

אפור

gris

שחור

negro

הפכים
opuestos

יפה / מכוער

bonito / feo

כועס / רגוע

enojado / calmado

הרבה / מעט

mucho / poco

בהיר / כהה

claro / oscuro

גדול / קטן

grande / pequeño

התחלה / סוף

comienzo / fin

שלם / חלקי

completo / incompleto

נקי / מלוכלך

limpio / sucio

אח / אחות

hermano / hermana

רחב / צר

ancho / angosto

מת / חי

muerto / vivo

יום /לילה

día / noche

אכיל / לא אכיל

disfrutable / no disfrutable

רשע / טוב לב

malo / amigable

מתרגש / משועמם

excitado / aburrido

שמן / רזה

gordo / delgado

ראשון / אחרון

primero / último

חבר / אויב

amigo / enemigo

מלא / ריק

lleno / vacío

קשה / רך

duro / suave

כבד / קל

pesado / liviano

רעב / צמא

hambre / sed

חולה / בריא

enfermo / saludable

בלתי-חוקי / חוקי

ilegal / legal

נבון / טיפש

inteligente / tonto

שמאל / ימין

izquierda / derecha

קרוב / רחוק

cercano / lejano

חדש / משומש

nuevo / usado

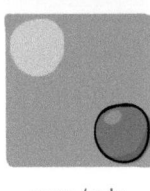

כלום / משהו

nada / algo

זקן / צעיר

viejo / joven

פעיל / כבוי

encendido / apagado

פתוח / סגור

abierto / cerrado

שקט / רועש

bajo / fuerte

עשיר / עני

rico / pobre

נכון / שגוי

correcto / incorrecto

מחוספס / חלק

áspero / liso

עצוב / שמח

triste / alegre

קצר / ארוך

breve / extenso

איטי / מהיר

lento / veloz

רטוב / יבש

mojado / seco

חם / קר

caliente / frío

מלחמה / שלום

guerra / paz

מספרים
números

0	1	2
אפס	אחת	שתיים
cero	uno	dos
3	4	5
שלוש	ארבע	חמש
tres	cuatro	cinco
6	7	8
שש	שבע	שמונה
seis	siete	ocho
9	10	11
תשע	עשר	אחת-עשרה
nueve	diez	once

12

שתים-עשרה

doce

13

שלוש-עשרה

trece

14

ארבע-עשרה

catorce

15

חמש-עשרה

quince

16

שש-עשרה

dieciséis

17

שבע-עשרה

diecisiete

18

שמונה-עשרה

dieciocho

19

תשע-עשרה

diecinueve

20

עשרים

veinte

100

מאה

cien

1.000

אלף

mil

1.000.000

מיליון

millón

שפות
idiomas

אנגלית

inglés

אנגלית אמריקאית

inglés estadounidense

סינית מנדרינית

chino mandarín

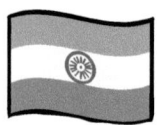

הודית

hindi

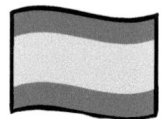

ספרדית

español

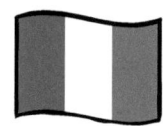

צרפתית

francés

ערבית

árabe

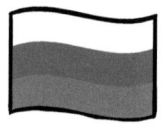

רוסית

ruso

פורטוגזית

portugués

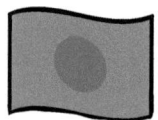

בנגלית

bengalí

גרמנית

alemán

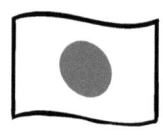

יפנית

japonés

מי / מה / איך

quién / qué / cómo

אני

yo

אתה / את

tú

הוא / היא / זה

él / ella

אנחנו

nosotros

אתם

vosotros

הם

ellos

מי?

¿quién?

מה?

¿qué?

איך?

¿cómo?

איפה?

¿dónde?

מתי?

¿cuándo?

שם

nombre

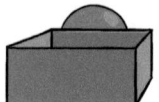

איפה

donde

מאחור

detrás

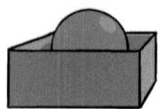

בתוך

en

לפני

delante de

מעל

encima de

על

sobre

מתחת

debajo de

ליד

junto a

בין

entre

מקום

lugar